lz Einzig

CE

SCHÖNE ERIN

NAHMEN

SSENHEIT

TIEFE WURZELN

ÄT

EBENSFREUDE

AUSNAHMEN

limente

KLEINE WUNDER

INSPIRATION

Leichtigkeit

Genuss

IBBELN

GESUNDHEIT

BEGEISTERUNG

GROSSES GLÜCK

Neugier

E VERSTÄNDNIS

100 DINGE, *die ich dir* WÜNSCHE

♥

GROH

Ich
wünsche dir
alles Gute!

Wie war das noch gleich?
Ohne Tal kein Gipfel, ohne Pech kein Glück?
Ich wünsche dir, dass dein Leben nicht
in schnurgeraden Bahnen verläuft,
sondern eine bunte Mischung von allem ist,
was das Leben so lebenswert macht.

Meine 100 Wünsche sollen dich durch
ruhige Fahrwasser und brausende Stürme begleiten
und dich vielleicht sogar ein klein wenig inspirieren,
zu manch neuem Ufer aufzubrechen.

Auf den letzten Seiten findest du
dann noch Platz, um deine ganz persönlichen
Wünsche aufzuschreiben.

Ich wünsche dir …

1.

Anerkennung

Dass du für deine Taten, deine Erfolge
oder einfach dafür, **DASS DU BIST, WIE DU BIST,** Wertschätzung
und Anerkennung von den Menschen in deinem
Umfeld erfährst, das wünsche ich dir.

EINZIGARTIGKEIT

Unsere vermeintlichen Ecken und Kanten lassen uns genauso **AUS DER MASSE HERAUSSTECHEN**, wie unsere Stärken. Also lass dich nicht verbiegen, sondern bleib einfach ganz du selbst.

3.

OFFENHEIT

LASS DAS ALTBEKANNTE AUCH MAL LINKS LIEGEN

und geh offen auf andere Menschen zu. Lade den neuen Nachbarn auf eine Tasse Kaffee ein oder sprich einfach mal wildfremde Menschen an, die dir begegnen. (Was hast du zu verlieren!?)

4.

GUTE LAUNE

Lachen ist die schönste Art, dem Leben
die Zähne zu zeigen. Ich wünsche dir,
dass du die Laus von deiner Leber verscheuchst,
falls sich mal eine dahin verirrt, und alle Miesepeter
mit einem umwerfenden Lächeln entwaffnest!

5.

Bunte Farben

Rot, Grün, Blau, Gelb, Pink, Linien,
Karos, Kreise, Glitzer – Mach dein Leben bunt!

6.

FANTASIE

Adieu Alltag, willkommen Land der Träume!
Den Mut, dich in fantastische Welten zu träumen,
den wünsche ich dir sehr.

7.

KREATIVITÄT

**MACH DIR DIE WELT,
WIE SIE DIR GEFÄLLT –**
Sei kreativ und stell dir die Playlist deines Lebens selbst zusammen. (Und vergiss nicht, dazu zu tanzen!)

8.

Inspiration

Bilder, Melodien, Düfte …
Lass dich von den vielen Facetten dieser Welt zu neuen Ideen inspirieren.

9.

LEB
ENS
FRE
UDE

Gute Laune haben, wenn dich am Morgen die Sonne weckt, das kann nun wirklich jeder. Aber was machst du bei Regenwetter? Mein Tipp: Augen zu und tanzen!

10.

GESUNDHEIT

Schnupfen, aufgeschürfte Knie und
blaue Flecken kommen im Leben schon mal vor.
Dass du die kleineren und größeren Blessuren
des Lebens **HEIL ÜBERSTEHST,**
das wünsche ich dir!

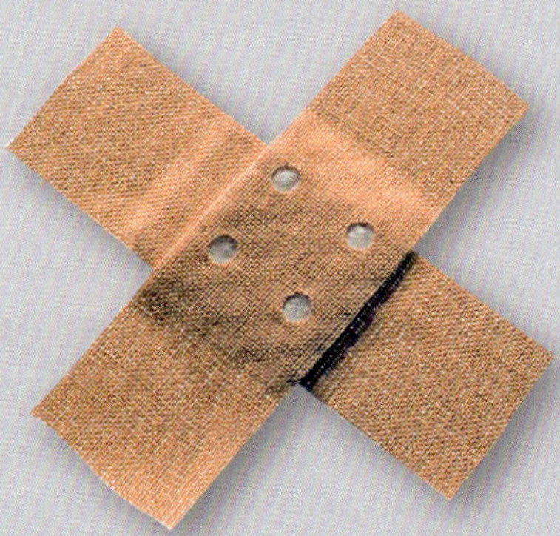

11.

SCHUTZ

Ob die Mütze bei Kälte,
der Mantel bei Regen oder die beste Freundin
bei Liebeskummer – ich wünsche dir,
dass es immer Dinge und Personen gibt,
BEI DENEN DU SCHUTZ SUCHEN KANNST.

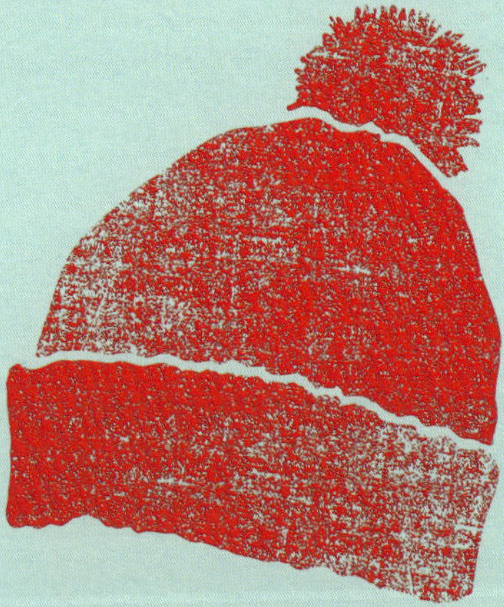

12.

Hilfe

DASS DICH JEMAND AUFFÄNGT,
wenn du stolperst und dir wieder auf die Beine hilft,
wenn du doch mal auf dem Hintern landest,
das wünsche ich dir von Herzen.

13.

Kraft

Ich wünsche dir einen riesen Rucksack **VOLLER ENERGIE**, um auch mal eine Etappe der Tour de France zu meistern – für den Fall, dass dich der Ehrgeiz packt.

14.

UNTER-STÜTZUNG

Und wenn du doch mal völlig aus der Puste kommst, dann hoffe ich, dass du jemanden an deiner Seite hast, **DER DICH ANSCHIEBT** (oder zumindest ein E-Bike).

15.

Herausforderungen

Dass du neue Wege, Aufgaben und Hindernisse nicht als Probleme, sondern als Herausforderungen siehst, das wünsche ich dir.

16.

LÖSUNGEN

Falls sich eine Herausforderung doch mal als Problem entpuppen sollte, wünsche ich dir, dass du eine kreative Lösung dafür parat hast.

17.

WACHSTUM

Ich wünsche dir,
DASS DU UNBEKANNTES AUSPROBIERST
und dabei vorwärts kommst, statt gelangweilt auf der Stelle zu treten.

18.

Chancen

Mach die Augen auf und greif beherzt zu, wenn neue Chancen wie reife Kirschen direkt vor deiner Nase baumeln. (Am besten, bevor es zu spät ist!)

19.

ÜBER BLICK

Du springst für deine kranke Kollegin ein, deine Nachbarn haben dich gebeten, die Katze zu füttern, am Wochenende kommen deine Eltern zu Besuch, … Ich wünsche dir, dass du auch in turbulenten Zeiten den Überblick behältst.

20.

DETAILS

Die erste Frühlingsblume nach dem Winter
oder ein freundliches Lächeln auf dem Weg zur Arbeit –
Bewahr dir den Blick für die vielen kleinen
HIGHLIGHTS IM LEBEN!

21.

Gelassenheit

Die Arbeit sollte besser gestern als heute erledigt werden, der Berg wächst, statt versetzt zu werden, die Uhr tickt immer lauter. In solchen Momenten wünsche ich dir die Gelassenheit, einfach mal **AUS DEM HAMSTERRAD AUSZUSTEIGEN.**

22.

MUT

Dass du jeden Tag gegen wilde Tiere kämpfen musst, das wünsche ich dir nicht. Aber wenn doch mal ein solches Exemplar deinen Weg kreuzt, dann **HALTE MUTIG DAGEGEN.**

23.

NEUGIER

Ich wünsche dir, dass du nicht mit Scheuklappen und Tunnelblick durch dein Leben gehst.

MACH DIE AUGEN AUF!

Die Welt ist so schön!

24.

PERSPEKTIVEN

Vom Mond aus sieht's
gar nicht mehr so schlimm aus.
Manchmal muss man einfach
DIE BRILLE WECHSELN
und die Welt aus einer anderen
Perspektive betrachten.

25.

VIEL GEDULD

Ob der Stau auf der Autobahn oder
der dritte Versuch dein neues Billy-Regal aufzubauen –
Ich wünsche dir, dass du **EINFACH MAL GELASSEN BLEIBST**
statt (wenn auch nur innerlich) laut zu fluchen.

26.

Hoffnung

Lass den Kopf nicht hängen, wenn mal wieder alles anders läuft als geplant. Es wird schon alles gut werden (irgendwie)! Und bis es soweit ist, **GÖNN DIR ERSTMAL EINE GROSSE TASSE KAKAO.**

27.

Fürsorge

Wie schön, wenn es jemanden gibt,
dem man wichtig ist,
DER EINEN TRÖSTET
wenn man traurig ist oder einem
mit einem beherzten Tritt
in den Allerwertesten wieder den
NÖTIGEN SCHWUNG
verschafft.

28.

GROSSES GLÜCK

Ich wünsche dir, dass dich
der spontane Besuch deiner Eltern nicht
gerade nach einer durchzechten Nacht
aus den Federn reißt, sondern dich zufällig
genau dann überrascht, wenn du
ohnehin gerade geputzt, gewaschen
und Kuchen gebacken hast.
(SO EIN GLÜCKLICHER ZUFALL!)

29.

NÄHE

Ich wünsche dir, dass es Menschen gibt,
die dir nahe stehen und deren Nähe dir gut tut.
Was wäre das Leben ohne sie!?
Schick ihnen doch mal wieder
EINE LIEBE NACHRICHT
oder schau einfach spontan auf
einen Kaffee vorbei.

30.

Abstand

Lass dich nicht erdrücken!
Wenn dir danach ist, zieh dich zurück
und koste es in vollen Zügen aus, zwischendurch
auch mal für dich allein zu sein.

31.

Liebe

All you need is love! Wenn dir jemand bedingungslos
und von ganzem Herzen seine Liebe schenkt,
dann zögere nicht lange, greif zu und halte sie fest.

32.

KOMPLIMENTE

Kleine Komplimente, die dich zum Lächeln bringen
und dich glücklich machen, die wünsche ich dir jeden Tag.

33.

PRIN ZIPI EN

Prinzipien sind Wegweiser, die dafür sorgen, dass wir uns in den vielen Möglichkeiten unseres Lebens nicht verirren. Ich wünsche dir, dass du deine eigenen Werte und Prinzipien entwickelst und an ihnen festhältst (zumindest meistens).

34.

AUS-NAHMEN

Manchmal führt der direkte Weg uns schnurstracks in eine Sackgasse. Mach auch mal eine Ausnahme und **WEICHE VON DEINEN PRINZIPIEN AB,** wenn es die Situation erfordert.

OFFENE TÜREN

Hinter jeder Tür findest du
EINE NEUE CHANCE,
dein Leben zu gestalten.
Dass du im Leben auf mehr offene Türen
als auf dicke Mauern triffst,
das wünsche ich dir.

36.

SELBST BE STIM MUNG

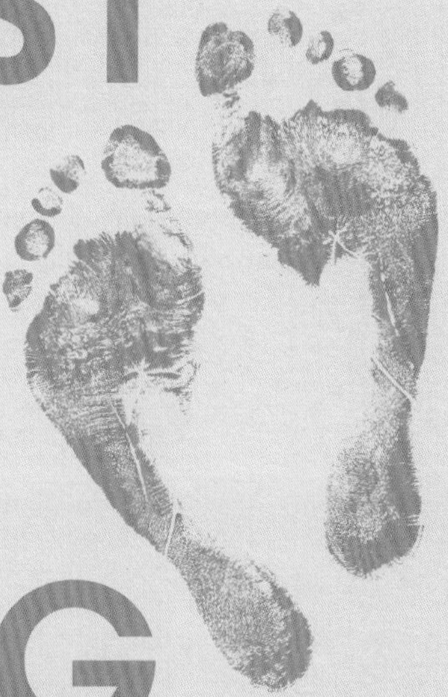

Es ist dein Leben! Du kannst bei jedem deiner Schritte selbst entscheiden, welches Ziel du anstrebst und welchen Weg du dabei einschlägst.

37.

Verständnis

Du hast Liebeskummer, bist völlig überarbeitet oder hast eine furchtbare Wut im Bauch!? **DASS JEMAND DIR AUFMERKSAM ZUHÖRT** und dich versteht, das wünsche ich dir wirklich sehr.

38.

UMARMUNGEN

Eine Umarmung wärmt, bietet Sicherheit und gibt festen Halt. Ich wünsche dir, dass du dich immer in eine solche Umarmung **FALLEN LASSEN KANNST,** wenn dir danach ist.

39.

Tiefe Wurzeln

Ich wünsche dir feste Wurzeln,
die dir Halt geben für
kommende Höhenflüge.

40.

GUTE FREUNDE

Dass du nicht einsam durchs Leben gehst,
sondern dabei von guten Freunden begleitet wirst,
das wünsche ich dir.

41.

GEBORGEN-HEIT

Job gekündigt, Beziehung im Eimer, Schokoladenvorrat leer – wenn alle Stricke reißen, wünsche ich dir einen Ort, an dem du dich **SICHER UND GEBORGEN FÜHLST** und neue Kraft tanken kannst.

42.

Rückhalt

Menschen, die dir auch bei Gegenwind den Rücken stärken, die wünsche ich dir.

43.

Harmonie

Dauerhafte Harmonie? Ziemlich langweilig, oder? Ich wünsche dir aber trotzdem Zeiten, in denen **DER HIMMEL OHNE WOLKEN,** die Gläser voll (nicht nur halb voll) und das Leben einfach fast kitischig perfekt ist.

GEWITTER

Manchmal muss es richtig ordentlich krachen, damit die **LUFT DANACH WIEDER KLAR IST.** Darum wünsche ich dir, dass du vor Auseinandersetzungen und Gewittern in deinem Leben nicht zurückschreckst.

45.

VERTRAUEN

Menschen, denen du blind vertraust,
die sich mit dir über deine Erfolge freuen
und bei denen du **BEDENKENLOS DU SELBST SEIN KANNST**
(auch dann wenn dein Selbst gerade ziemlich
angeschwipst ist), die wünsche ich dir.

46.

VOR BIL DER

Es muss ja nicht gleich Albert Einstein oder der Dalai Lama sein. Aber dass es Menschen gibt, die du dir als Vorbilder nehmen (und vielleicht ein klein wenig anhimmeln) kannst, das wünsche ich dir.

47.

MEN SCHEN KENNTNIS

Im Leben treffen wir auf viele verschiedene Menschen: solche, die uns gut tun und solche, die uns Kraft rauben. Ich wünsche dir, dass du die einen von den anderen unterscheiden kannst und nur die in dein Leben lässt, die gut für dich sind.

48.

Bauchgefühl

Manche Dinge lassen sich nicht rational begründen.
Darum wünsche ich dir, dass du
DEINEN VERSTAND manchmal einfach
AUSSCHALTEST und dich auf
dein Bauchgefühl verlässt.

49.

KLEINE WUNDER

Ob gescheiterte Pläne auf wundersame Weise doch noch in Erfüllung gehen oder sich spontan **VÖLLIG NEUE WEGE AUFTUN** – ich wünsche dir, dass dich das ein oder andere Wunder sprachlos macht (vor Glück natürlich!).

50.

BAUCH KRIBBELN

Ich wünsche dir, dass du immer wieder neuen Abenteuern begegnest – denn wie öde wäre das Leben, wenn jeder Tag wäre, wie der andere!?

51.

SCHOKOLADE

Egal ob bei schlechter Laune, Liebeskummer oder Alltagstrott – mit Schokolade ist die Welt gleich viel schöner. Dass du dir ab und zu (ok, vielleicht auch öfters)

DIE WELT MIT EINER KLEINEN SÜNDE VERSÜSST,

das wünsche ich dir.

52.

Spontanität

Ein Leben ganz ohne Pläne wäre wohl
ein ziemliches Durcheinander.
Trotzdem wünsche ich dir, dass du dich
einfach mal treiben lässt und

**DEM ZUFALL
EINE CHANCE GIBST.**

53.

Optimismus

Bleib optimistisch! Ärgere dich nicht über die spitzen Steine auf dem Weg, sondern halte Ausschau nach dem blauen Himmel.

54.

GROSSZÜGIGKEIT

Ich wünsche dir, dass du die Geschenke, die dir das Leben macht, nicht einsam und allein in eine Kiste sperrst, sondern großzügig mit anderen teilst.

55.

MEHR JETZT

„DAS MACH ICH SPÄTER."

Wie viele hundert Mal hast du diesen Satz schon gesagt? Ich wünsche dir, dass dein „später" auch mal „jetzt" ist.

56.

Genuss

Ich wünsche dir, dass du an den besonderen Augenblicken des Lebens nicht hechelnd vorbeirennst, sondern sie in vollen Zügen genießt.

57.

Begeisterung

Es gibt so viele tolle Sachen auf dieser Welt.
Ob Fußball, Schuhe oder Musik – entdecke was dich
INTERESSIERT, BEEINDRUCKT UND BEGEISTERT.

58.

LEIDENSCHAFT

WAS WÄRE DIE THEORIE OHNE DIE PRAXIS!?

Dass du deinen Interessen nachgehen und deine Begeisterung leidenschaftlich ausleben kannst, dass wünsche ich dir sehr.

59.

EHRGEIZ

Du hast ein Ziel? Dann

STEH AUF UND KÄMPFE!

Denn von der Couch aus wirst du es wohl eher nicht erreichen. (Es sei denn dein Ziel war die Macht über die Fernbedienung).

Ich wünsche dir, dass du deine Pläne mit einem gesunden Ehrgeiz verfolgst.

60.

Bequemlichkeit

Aber man kann nicht immer ehrgeizig sein.
Manchmal darf man sein Ziel auch einfach mal Ziel sein lassen, den Moment auskosten und
KEINEN FINGER KRUMM MACHEN.

61.

AUFGABEN

Einfach mal in den Tag hinein leben,
ohne feste Zeiten und Verpflichtungen, klingt
zwischendurch ganz verlockend.
Trotzdem wünsche ich dir, dass du Aufgaben hast,
die dir **FESTE STRUKTUREN**
bieten und dich unentbehrlich machen.

62.

ZEIT

Ob Zeit für deine Familie,
für deine Freunde, für deine Leidenschaft
oder einfach nur etwas Freiraum, um dich zu
entspannen – ich wünsche dir, dass du
(neben dem Retten der Welt) genügend Zeit hast
**FÜR ALL DIE DINGE,
DIE DIR WICHTIG SIND.**

63.

Schöne Erinnerungen

Ich wünsche dir viele wundervolle Momente, an die du dich immer gerne erinnerst und die dir auch viele Jahre später noch **EIN LÄCHELN INS GESICHT ZAUBERN.**

64.

ERFAHRUNGEN

Wenn eine Straße zwischendurch mal holprig ist oder ein Weg dich im Kreis herumführt, dann **ÄRGERE DICH NICHT,** sondern verbuche die Situation (zumindest manchmal) als wertvolle Erfahrung.

65.

HALTUNG

Der Blusenknopf springt ab,
der Kaffee vor dem Meeting landet auf dem weißen Hemd (wo denn auch sonst!?) – Gerade dann, wenn du am liebsten vor Scham im Boden versinken möchtest, wünsche ich dir, dass du **DEIN SCHÖNSTES LÄCHELN AUFSETZT** und einfach weitermachst, als wäre nichts gewesen.

HEMMUNGS-LOSIGKEIT

Ganz gleich, ob der Sturzbach an Tränen in der U-Bahn, der Lachflash in der Telefonkonferenz oder der Wutanfall im Nobelrestaurant– ich wünsche dir, dass du deinen Gefühlen auch einfach mal

OHNE HEMMUNGEN FREIEN LAUF LASSEN KANNST.

67.

Leichtigkeit

Dass du das Wort „Problem“ aus deinem Wortschatz streichst und mit Leichtigkeit und Optimismus an Sachen herangehst, das wünsche ich dir.

68.

ZUVERLÄSSIGKEIT

Ich wünsche dir, dass du bei aller Leichtigkeit nicht vergisst, deine Versprechen einzuhalten (oder dir in Notfällen zumindest eine kreative Ausrede dafür einfallen lässt).

69.

ÜBERMUT

Vergiss hin und wieder, vernünftig zu sein und tobe übermütig durch die Welt. Vernünftig sein kannst du auch morgen wieder!

70.

Vernunft

Wenn du wichtige Entscheidungen treffen musst, dann wünsche ich dir, dass du an den richtigen Stellen deinen Verstand zu Rate ziehst.

71.

ABSCHIEDE

SCHAU NACH VORNE, NICHT ZURÜCK!

Auch wenn's schwer fällt: Trenn dich von Menschen und Dingen, die dir nicht gut tun (und zwar ohne faule Kompromisse).

72.

NEU-ANFÄNGE

Wozu hat das Alphabet 26 Buchstaben!?
HAB KEINE ANGST DAVOR,
ins kalte Wasser zu springen und Plan B anzugehen, wenn Plan A nicht funktioniert.

73.

ALLTAG

Ich wünsche dir zwar nicht, dass jeder einzelne Tag gleich abläuft und du irgendwann in Lethargie versinkst. Die **SICHERHEIT**, die alltägliche **ROUTINEN** geben, die wünsche ich dir aber trotzdem. (Was wäre der Morgen ohne eine groooooße Tasse Kaffee?)

AUSZEITEN

Einen Abend die Puppen tanzen lassen
oder ein langes Frühstück im Bett – Ich wünsche dir,
dass du ab und an den Alltag hinter dir lässt und
DIR EIN PAAR STUNDEN AUSNAHMEZUSTAND GÖNNST.

75.

ENT SPAN NUNG

Der anstrengende Großkunde oder die roten Zahlen auf dem Kontoauszug – verbanne die negativen Gedanken in die hinterste Ecke irgendeines dunklen Schranks (wenigstens für einen Stündchen) und atme einfach mal tief durch! Ooohm!

BALANCE

Manchmal ist der Weg eine vierspurige Autobahn
und manchmal eben eine Slackline über dem Abgrund –
leider in den seltesten Fällen mit Sicherheitsgurt.
Ich wünsche dir, dass du dich auf deinem Weg
VON NICHTS UND NIEMANDEM AUS DEM GLEICHGEWICHT BRINGEN LÄSST.

77.

STAND-HAFTIGKEIT

Ich wünsche dir, dass du deinen Standpunkt deutlich machst, auch wenn das manchmal bedeutet, **MIT DER FAUST FEST AUF DEN TISCH ZU HAUEN** und lautstark „Nein!“ zu sagen.

78.

TEMPERAMENT

Bei wichtigen Entscheidungen mag ein kühler Kopf sehr hilfreich sein. Wenn es um Herzensdinge geht, wünsche ich dir jedoch, dass der Kopf mal Pause hat und

DEIN UNGEZÜGELTES TEMPERAMENT

zum Vorschein kommt.

79.

TALENT

Ich wünsche dir, dass du
dein ganz besonderes Talent entdeckst
und es auch nutzt.

80.

Schwächen

Steh zu dir – auch wenn das bedeutet zuzugeben,
dass deine hoch gelobte Lasagne eigentlich
vom Italiener nebenan stammt.

81.

Individualität

SEI EINZELSTÜCK STATT MASSENWARE!
Trau dich, gegen den Strom zu schwimmen und du selbst zu sein.

82.

SELBSTVERTRAUEN

Lass dich nicht verunsichern und glaub an deine Fähigkeiten und Ideen, auch wenn andere dich dafür belächeln. Manchmal sind die verrücktesten Ideen die besten. (Der Erfinder der Poolnudel ist ja heute schließlich auch Millionär.)

83.

STOLZ

Sei stolz auf all **DIE GROSSEN UND KLEINEN DINGE, DIE DU GEMEISTERT HAST.** Ganz egal, ob der erledigte Anruf, den du so lange vor dir hergeschoben hast, das neu angelegte Blumenbeet oder der Traumjob, den du dir hart erarbeitet hast – Sei stolz auf dich!

84.

DANKBARKEIT

Du musst nicht für jede Kleinigkeit vor
Dankbarkeit auf die Knie fallen.
Ich wünsche dir aber, dass du dich über
ganz besondere Momente von Herzen
FREUEN UND DANKBAR
für sie sein kannst.

85.

RUHE

Hupende Autos, Baustellenlärm, klingelnde Handys, Kindergeschrei ... Stopp! Ich wünsche dir, dass du immer wieder Orte findest, an denen du einfach mal nichts hörst und die Stille um dich herum auskosten kannst.

LEBEN

SEI MITTENDRIN STATT NUR DABEI!

Tanz in bunten Farben auf dem Sommer-Festival oder feiere den Sieger des nächsten Fußballturniers (auch wenn es eigentlich die gegnerische Mannschaft ist) – Sei mitten im Trubel und spüre den wilden Herzschlag des Lebens!

SICHER-HEIT

Ob Fangnetz, Sturzhelm oder der heldenhafte Retter **ZUR RICHTIGEN ZEIT AM RICHTIGEN ORT** – dass es etwas gibt, was dich im Ernstfall vor Schlimmerem bewahrt, das wünsche ich dir.

Abenteuerlust

Ich wünsche dir, dass du manchmal
DIE SICHEREN PFADE VERLÄSST und ein
neues Abenteuer wagst. Ganz egal ob Roadtrip
mit dem Rucksack, das Ausprobieren
einer neuen Sportart oder das längst fällige Ende
einer Beziehung – trau dich einfach!

89.

Große Träume

Ich wünsche dir, dass du dich in deinen Träumen nicht von der Realität einschränken lässt, sondern fantastische Luftschlösser baust. Den Mount Everest besteigen, einen Besteller schreiben,

DEM CHEF ENDLICH MAL RICHTIG DIE MEINUNG GEIGEN –

im Traum ist alles möglich!

90.

SELBSTVERWIRKLICHUNG

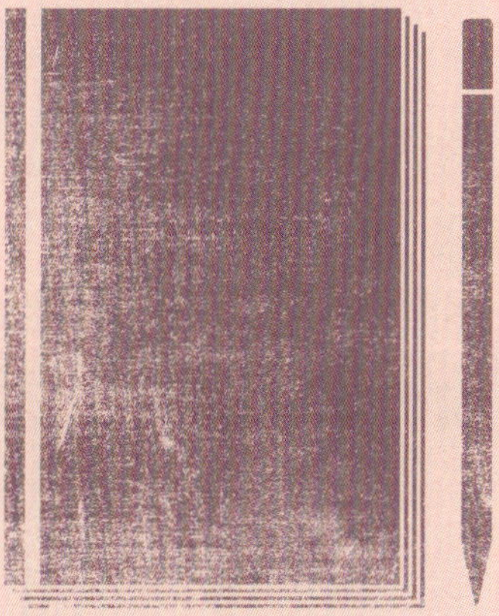

Wäre es nicht schade, wenn all unsere großen und kleinen Träume im Nichts verpuffen? Lern klettern, schreib deine Geschichte auf oder nimm deinen ganzen Mut zusammen und sag offen, was du schon immer sagen wolltest. Dass du deine Träume (oder zumindest ein paar davon) verwirklichst, das wünsche ich dir.

91. POLE-POSITION

Ich wünsche dir, dass du
bei wichtigen Herausforderungen
MIT EINEM GROSSEN VORSPRUNG INS RENNEN GEHST.

92. *Rückenwind*

Ich wünsche dir nicht, dass dir im Leben alles in den Schoß fällt. Dass dir der Wind jedoch nicht immer entgegenweht, sondern dir manchmal auch den Rücken stärkt, das wünsche ich dir.

93.

Durchblick

Ich wünsche dir, dass du dein Ziel nicht aus den Augen verlierst und dir Nebelschwaden (oder ungebetene Ratschläge) nicht völlig die Sicht versperren.

94.

WEGWEISER

Und wenn du dich doch einmal verlaufen hast, dann wünsche ich dir, dass du Wegweiser findest, die dich wieder auf den richtigen Weg bringen.

95.

UMWEGE

Ich wünsche dir, dass du auch mal die ausgetrampelten Pfade verlässt und neue Wege für dich entdeckst. Nimm doch mal einen anderen Weg zur Arbeit oder **ENTDECKE EINE NEUE STADT** ganz ohne Reiseführer und Stadtplan.

96.

ZIEL GERA DEN

Hey, jetzt bloß nicht schlapp machen!
Das Ziel ist schon in Sicht. Ich wünsche dir, dass du wie ein Sprinter auf den letzten Metern alles aus dir herausholst und dein Bestes gibst. Du schaffst das!

97.

ERFOLGS-ERLEBNISSE

Ich wünsche dir, dass dir
selbst schwierige Aufgaben mit Bravur
gelingen und dich darin bestärken,
DASS DU GUT BIST –
und zwar ganz genau so wie du bist.
(So sehn Sieger aus, schalalala!)

98.

HU MOR

Selbst wenn andere dir seltsame Blicke zuwerfen: Wenn dir danach ist, dann lach aus vollem Hals (auch über die absurdesten Dinge). Hab deinen ganz eigenen Humor, auch wenn er noch so schwarz ist.

99.

SONNEN-STRAHLEN

Schlechtes Wetter für dich aus dem Wetterbericht streichen, das kann ich leider nicht. **JEDEN TAG DASSELBE WETTER** wäre ja auch ziemlich langweilig. Aber ich wünsche dir, dass die Sonne immer wieder hinter den Wolken hervorbricht und du sie dann umso mehr genießt.

100.

ZUFRIEDEN-HEIT

Ein dickes Bankkonto oder dass du so berühmt bist wie Brad Pitt, das wünsche ich dir nicht. Mein größter Wunsch für dich ist vielmehr, dass **DU MIT DIR SELBST UND DEINEM LEBEN GLÜCKLICH** und zufrieden bist. Und was wünschst du dir?

Wenn ich so darüber nachdenke,
dann liegen mir **DIESE WÜNSCHE**
besonders am Herzen:

- ☐ 1 ANERKENNUNG
- ☐ 2 Einzigartigkeit
- ☐ 3 OFFENHEIT
- ☐ 4 Gute Laune
- ☐ 5 BUNTE FARBEN
- ☐ 6 Fantasie
- ☐ 7 KREATIVITÄT
- ☐ 8 Inspiration
- ☐ 9 LEBENSFREUDE
- ☐ 10 Gesundheit
- ☐ 11 SCHUTZ
- ☐ 12 Hilfe
- Kraft 13 ☐
- UNTERSTÜTZUNG 14 ☐
- Herausforderungen 15 ☐
- LÖSUNGEN 16 ☐
- Wachstum 17 ☐
- CHANCEN 18 ☐
- ÜBERBLICK 19 ☐
- DETAILS 20 ☐
- Gelassenheit 21 ☐
- MUT 22 ☐
- Neugier 23 ☐
- PERSPEKTIVEN 24 ☐

- ☐ 25 VIEL GEDULD
- ☐ 26 HOFFNUNG
- ☐ 27 FÜRSORGE
- ☐ 28 *Großes Glück*
- ☐ 29 NÄHE
- ☐ 30 *Abstand*
- ☐ 31 LIEBE
- ☐ 32 *Komplimente*
- ☐ 33 PRINZIPIEN
- ☐ 34 *Ausnahmen*
- ☐ 35 OFFENE TÜREN
- ☐ 36 *Selbstbestimmung*
- ☐ 37 *Verständnis*
- *Umarmungen* 38 ☐
- TIEFE WURZELN 39 ☐
- *Gute Freunde* 40 ☐
- GEBORGENHEIT 41 ☐
- *Rückhalt* 42 ☐
- HARMONIE 43 ☐
- GEWITTER 44 ☐
- VERTRAUEN 45 ☐
- *Vorbilder* 46 ☐
- MENSCHEN-KENNTNIS 47 ☐
- *Bauchgefühl* 48 ☐
- KLEINE WUNDER 49 ☐
- BAUCHKRIBBELN 50 ☐

- ☐ 51 SCHOKOLADE
- ☐ 52 Spontanität
- ☐ 53 OPTIMISMUS
- ☐ 54 Großzügigkeit
- ☐ 55 MEHR JETZT
- ☐ 56 Genuss
- ☐ 57 BEGEISTERUNG
- ☐ 58 Leidenschaft
- ☐ 59 EHRGEIZ
- ☐ 60 Bequemlichkeit
- ☐ 61 AUFGABEN
- ☐ 62 ZEIT
- ☐ 63 Schöne Erinnerungen
- ERFAHRUNGEN 64 ☐
- Haltung 65 ☐
- HEMMUNGSLOSIGKEIT 66 ☐
- Leichtigkeit 67 ☐
- ZUVERLÄSSIGKEIT 68 ☐
- Übermut 69 ☐
- VERNUNFT 70 ☐
- ABSCHIEDE 71 ☐
- NEUANFÄNGE 72 ☐
- Alltag 73 ☐
- AUSZEITEN 74 ☐
- Entspannung 75 ☐
- BALANCE 76 ☐
- Standhaftigkeit 77 ☐

- [ ] 78 TEMPERAMENT
- [ ] 79 TALENT
- [ ] 80 Schwächen
- [ ] 81 INDIVIDUALITÄT
- [ ] 82 Selbstvertrauen
- [ ] 83 STOLZ
- [ ] 84 Dankbarkeit
- [ ] 85 RUHE
- [ ] 86 Leben
- [ ] 87 SICHERHEIT
- [ ] 88 Abenteuerlust
- [ ] 89 Große Träume
- [ ] 90 Selbstverwirk-lichung
- [ ] 91 POLEPOSITION
- [ ] 92 Rückenwind
- [ ] 93 DURCHBLICK
- [ ] 94 WEGWEISER
- [ ] 95 UMWEGE
- [ ] 96 ZIELGERADEN
- [ ] 97 ERFOLGSERLEBNISSE
- [ ] 98 Humor
- [ ] 99 SONNENSTRAHLEN
- [ ] 100 Zufriedenheit

Dieser Wunsch fällt mir gerade spontan ein:

Mein verrücktester Wunsch:

Mein größter Wunsch aus Kindertagen:

Mein größter Wunsch, der bereits **IN ERFÜLLUNG** gegangen ist:

Mein allerwichtigster Wunsch für das Hier und Jetzt:

Mein allerwichtigster Wunsch für die nächsten 5 Jahre:

Mein Herzenswunsch
für die nächsten
10 JAHRE:

Mein größter Wunsch für die nächsten 20 Jahre:

Alles Gute!

Liebe Wünsche für jede Lebenslage
gibt es auf:

www.groh.de
facebook.com/grohverlag

FSC www.fsc.org
MIX
Papier aus verantwortungsvollen Quellen
FSC® C011862

Die nachhaltige Waldbewirtschaftung und die verantwortungsvolle Gewinnung des Rohstoffs Papier ist uns ein Anliegen. Daher werden alle Buch- und Kalender-Neuheiten auf FSC®-zertifiziertem Papier gedruckt.

WÜNSCH GLÜCK ZEIT
DIR WAS
Genieß
Freude den Moment
für
TRÄUMEREIEN DICH

SPASS
OPTIMISMUS
KLEINE
WUNDER
Einen ein JA
guten
Tag
SCHENKEN

Wir alle haben Träume und Ziele. Dabei bestärkt es uns, wenn jemand „Alles Gute!" wünscht. Wir haben die Gewissheit: Da denkt jemand an mich, wünscht mir Erfolg bei meinem Vorhaben. Oft genügt schon eine kleine Ermutigung; manchmal darf es auch ein ordentlicher Schubser nach vorne sein. Egal, was es gerade braucht: Die passenden Worte geben wir bei GROH mit auf den Weg.

Joachim Groh

Dieses Buch entstand in enger Zusammenarbeit mit meiner Kollegin Eva Eder. Wir haben Ideen gesammelt, Gedanken sortiert, Texte verfasst und wieder verworfen, neu geschrieben und daran geschliffen, nach den schönsten Bildern gesucht und nicht aufgegeben, bis wir sie gefunden hatten. Mit unseren Grafikern haben wir die Gestaltung entwickelt und daran gefeilt, Cover und Farben abgestimmt und nicht locker gelassen, bis alle zufrieden waren. Wir haben uns über jedes Puzzlestück gefreut, das seinen Platz im großen Ganzen gefunden hat – und hier ist es nun: ein Geschenk, das von Herzen kommt.

Vielen Dank an alle Beteiligten!

Steffi Schmauder

Bildnachweis:
Cover, S. 3: Getty Images/Moment/Photo by Ira Heuvelman-Dobrolyubova; S. 1: Shutterstock/veronchick84; S. 4: Stocksy/Aleksandra Jankovic; S. 5: Getty Images/EyeEm/Daniel Kafalas. S. 6: Shutterstock/Thomas Zsebok. S. 7: Getty Images/grapegeek; S. 8: Getty Images/E+/NI QIN; S. 9: Getty Images/DigitalVision Vectors/GoodGnom; S. 10: Getty Images/DigitalVision Vectors/ilustro; S. 11: Getty Images/Stock4B/T-Pool; S. 12: Getty Images/DigitalVision Vectors/saemilee; S. 13: Getty Images/Martin Diebel; S. 14: Getty Images/Philip and Karen Smith; S. 15: Getty Images/Mike Timo; S. 16: Getty Images/Owen Smith; S. 17: Getty Images/DigitalVision/Lauren Burke; S. 18: Getty Images/DigitalVision Vectors/dsafanda; S. 19: Getty Images/Photolibrary/Cora Niele; S. 20: Getty Images/Photographer's Choice RF/Tom Grill; S. 21: Stocksy/Jovo Jovanovic; S. 22: Getty Images/EyeEm/Nina Ferreira; S. 23: Getty Images/Image Source; S. 24: Getty Images/Image Source/Ditto; S. 25: Getty Images/Moment Open/Benedicte Røen; S. 26: Getty Images/E+/lechatnoirm; S. 27: Getty Images/Photolibrary/David Bishop Inc; S. 29: Stocksy/Mental Art + Design; S. 30: Getty Images/DigitalVision Vectors/FrankCangelosi; S. 31: Getty Images/mbbirdy; S. 32: Getty Images/filo; S. 33: Getty Images/blackred; S. 34: Stocksy/Milena Milani; S. 35: Getty Images/Cultura/Daniel Ingold; S. 36: Getty Images/EyeEm/Mike Whitby; S. 38: Getty Images/Björn Lauer; S. 39: Getty Images/Moment Open/Boris Jordan Photography; S. 40: Getty Images/E+/ansonsaw; S. 41: Getty Images/DigitalVision Vectors/iconeer; S. 42: Getty Images/DigitalVision Vectors/4x6; S. 43: Getty Images/Blend Images/Don Mason; S. 44: Getty Images/Moment/Jaim Simoes Oliveira; S. 45: fotolia/macrovector; S. 46: Getty Images/Photolibrary/Rob Lawson; S. 47: Getty Images/Photographer's Choice/Siegfried Layda; S. 48: iStock.com/vuk8691; S. 49: iStock.com/Palto; S. 50: Getty Images/Image Source; S. 51: Getty Images/Photodisc/C Squared Studios; S. 52: Getty Images/Westend61; S. 53: Getty Images/Westend61; S. 54: Getty Images/E+/traveler1116; S. 55: Getty Images/Westend61/Creativ Studio Heinemann; S. 56: Getty Images/Moment/Barbara Ferra Fotografia; S. 57: Getty Images/Photographer's Choice/Christian Adams; S. 58: Getty Images/Photographer's Choice/Ian McKinnell; S. 59: Getty Images/EyeEm/Ami Wakisaka; S. 60: Getty Images/Amanda Mabel Photography; S. 62: Getty Images/E+/jangeltun; S. 63: Getty Images/Erik Leonsson; S. 64: Getty Images/Moment/Ines Perkovic; S. 65: Getty Images/Moment/Maciej Toporowicz, NYC; S. 66: Getty Images/DigitalVision Vectors/GlobalStock; S. 67: Getty Images/E+/Vernon Wiley; S. 68: Getty Images/Maydaymayday; S. 69: Getty Images/Flickr Flash/Diego Cupolo; S. 70: Getty Images/Blend Images/Aliyev Alexei Sergeevich; S. 71: Getty Images/OJO Images/Andy Roberts. S. 72: Getty Images/Moment/Images by Martin Pinker; S. 73: Getty Images/Photographer's Choice RF/Gregor Schuster; S. 74: Getty Images/DigitalVision Vectors/pop_jop; S. 75: Getty Images/Moment Open/Artur Debat; S. 76: fotolia/MAK; S. 77: fotolia/mooshny; S. 78: Getty Images/Moment/Karthik Janakiraman/Motographer/Pixelia; S. 79: Getty Images/DigitalVision Vectors/mfto; S. 80: Getty Images/Photodisc/Creative Crop; S. 81: Getty Images/E+/AlexSava; S. 82: Getty Images/DigitalVision/Henrik Sorensen; S. 83: Getty Images/DigitalVision Vectors/Larry Rains; S. 84: Getty Images/E+/luoman; S. 85: Getty Images/DigitalVision Vectors/CSA-Archive; S. 86: Getty Images/DigitalVision Vectors/RENGraphic; S. 87: Getty Images/Westend61; Sprechblase: Shutterstock/Gapchuk Lesia; Grunge-Effekt: Shutterstock/idea for life.

Layout: Christin Bussemas, Ampersand Design & Fotografie

Satz: COMTECH, Patric Jardin

ISBN 978-3-8485-1631-5

177005-4355-02

HARMONIE

OPTIMISMUS

ENTSPANNUNG

BAL

Mut

CHANCEN

KREATIVI

GUTE LAUNE

Kraft

TALENT

Kon

HUMOR

RÜCKENWIND

ABENTEUER

Fantasie

BAUCH

SPONTANITÄT

DURCHBLIC

Geborgenheit

L